アイデアマンのつくり方

著 ジャック・フォスター
訳 青島 淑子

TBSブリタニカ

はじめに

「アイデアとは既存の要素の新しい組み合わせ以外の何ものでもない」

これは前作『アイデアのヒント』（邦訳・TBSブリタニカ）で紹介した、ジェームス・ウェブ・ヤングによるアイデアの定義だ。

私はこの定義を気に入っている。「なんだ、そんなことなのか」と、気を楽にさせてくれるし、アイデアは頭のいい特別な人だけが生み出すものじゃない、と教えてくれるからだ。誰だって、自分のすでに知っていることを組み合わせて、毎日アイデアを生み出している。

『アイデアのヒント』では、アイデアを手に入れるための五つのステップを紹介した。⑴問題を違う角度からとらえ直し、⑵情報をかき集め、⑶できるだけたくさんの案を考え、⑷いったん全部忘れてしまい、⑸浮かんだアイデアを実践してみる――この五つのステップを踏めば、誰だってアイデアに手をかけることができる。

だが、その前段階として、いくつかの準備が必要だということもお知らせした。好奇心いっぱいの生活をおくること、アイデアをうまく生み出せたイメージを心に思いうかべること、子供の心に戻ること、さまざまな考え方をしてみること、笑われるのを恐れないこと、いろいろなものを組み合わせてみること、そして何より大切なのが、楽しむことと、「私はアイデアを生み出すことができる」と自分の能力を信じることだ。

こうした準備はほとんどが、それぞれ自分のために自分自身がするしかない。

だが、もしあなたが経営者なら――または監督、ディレクター、スーパーバイザー、部長なら、人に教える立場、人の相談にのる立場にあるなら――つまりはリーダー的な立場にあるなら、その立場を使って部下の創造力を引き出してやることができる。やるべきことは二つだけ。部下が自分自身を高く評価できるように手助けすることと、アイデアのゆりかごになるような職場環境を整えることだ。

本書ではそこに焦点を絞って話を進めていく。つまり前作のように「あなた自身がアイデアマンになるにはどうすればいいか」という内容ではないし、部下をいかに上手に管理するか、いかにうまく仕切るか、いかに監督するかという内容でもない。部下が本来持っている創造力を存分に発揮できるようにするにはどうすればいいか、つまり「**部下をアイデアマンにするにはどうすればいいか**」――それが本書のメインテーマである。

オフィスに創造性があふれていること、アイデアを次々に生み出せる社員がいることはとても大切だ。マイクロソフトの元チーフ・テクノロジー・オフィサー、ネーサン・ミルボードは言う。「一人の有能な社員は、平均的な社員の一〇〇〇倍の価値がある」。一〇〇〇倍もの差が生まれるのは、有能な社員は質の高いアイデアをどんどん生み出すからだ。

質の高いアイデアは進歩の原動力になる。アイデアは経済を動かし、ビジネスを拡大し、新しい仕事を作り出す。

そのアイデアを生み出す「有能な社員」は、実はあなたのそばにいる。力を発揮するときを待っている。あとはあなたが環境を整えるだけだ。

アイデアマンのつくり方　目次

装丁／グラブ・オチサチコ

アイデアマンのつくり方

IDEASHIP

by

Jack Foster

Japanese translation rights arranged with
Berrett-Koehler Publishers, San Francisco, California
through Tuttle-Mori Agency, Inc., Tokyo

Illustrations by Larry Corby

I

アイデアマンを育てる「アイデアシップ」

私は人生の半分を広告業界ですごしてきた。そのうち半分の期間は広告代理店の企画部門で人を使う立場にあり、残りの半分は人に使われる立場にあった。

あるとき、私は企画部門を率いる難しさについてクライアントと語り合っていた。なにしろ企画部門は順応性のない人間、自由奔放な人間、突飛な考えを持った人間、権威に反抗する人間、常識に従わない人間の集合だ。元来そういう性格の部署だし、そういう人をわざわざ集めている。ただ、いったん仕事が来れば、どんなテーマを与えられても、それまで誰も考えつかなかったような発想で勝負する——そんな人間の集まりだ。

クライアントは少し考えたあと、こう言った。

「企画部門を率いるのは、とてつもなく難しいことでしょうな。管理しようとか指揮しようとか仕切ろうとしたら、かえって逆効果でしょうし。反発されるか、無視されるのがオチだ」

たぶんそうだろう。

でもそれは「管理」したり「指揮」したり「仕切る」ことを目指すからだ。私が、そして私のような立場にいる多くの仲間がやってきたことは、「管理」や「指揮」や「仕切り」ではない。

私たちがやってきたのは「部下の背中を押す」ことだ。

私たちはリーダーではない。アイデアマン・メーカーだ。

私たちが実践してきたのはリーダーシップではない。アイデアシップだ。

アメリカの作家ヘンリー・ミラーはこう書いている。

「他人の運命を預かるに足るほどの偉人、賢人などいない。他人を導く唯一の方法は、相手が自分の力で自信を取り戻せるよう、背中を押してやることだ」

リーダーはハッパをかけ、指示し、仕切り、先導する。アイデアマン・メーカーはアイデアが生まれる空気をつくる。

リーダーは先に立って引っ張っていく。アイデアマン・メーカーは背中を押してやる。

「アイデアシップ」はリーダーシップの一歩先にある。部下が自信を持てるように環境を整え、そっと背中を押してやる――それがアイデアシップだ。


あるクライアントにこう言われたことがある。企画部門は非常に特殊だから、そこでのリーダーシップ論（私は当時まだアイデアシップという言葉を生み出していなかった）は、ほかの部署の役には立たないのではないか。

とんでもない。

　アイデアを生み出すのは、広告マンの専売特許ではない。あなたの部下も、毎日さまざまなアイデアを考え出しているはずだ。どうやったらすばやく仕事にかかれるか、昼休みを延ばすにはどうしたらいいか、配達を迅速に済ませるにはどうしたらいいか、メモはどう書けば効率的か、販売会議を活気あるものにするにはどうしたらいいか、生産ラインのスピードを上げるにはどうしたらいいか――。

　そう、あなたの部下は**現にアイデアを生み出している**。でも、もっとたくさん、もっといいアイデアを生み出してほしい、もっと型破りな発想が、斬新なアプローチが、新鮮な提案がほしいと思うなら、広告代理店の企画部門はうってつけの手本になるはずだ。

II

アイデアマンを育てるために絶対不可欠な2つの原則

1 自分自身を高く評価させよう

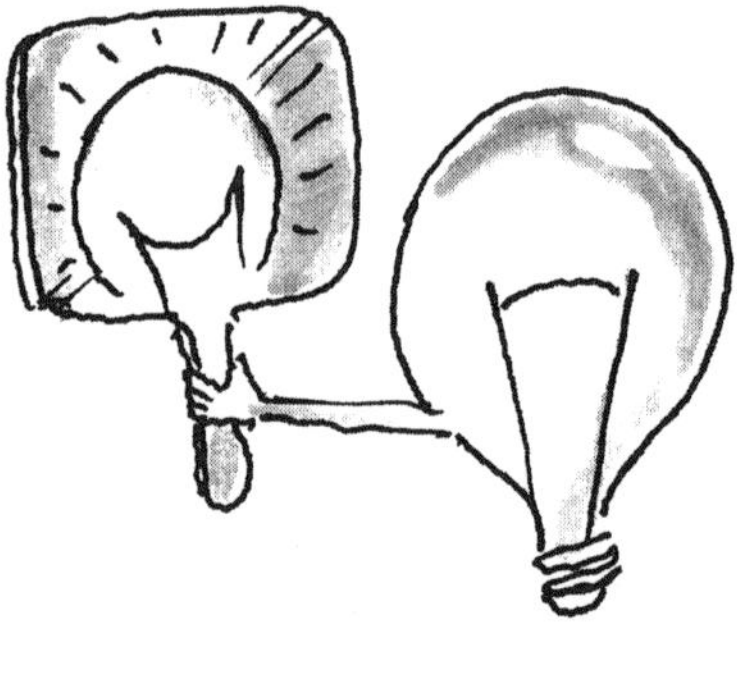

アイデアマン・メーカーに絶対に不可欠なことは、部下に、自分自身のことを（実際はどうあれ）高く評価させることだ。なぜこれが不可欠なのか。理由は三つある。

1．能力の有無より、「自分はできる」と思っているかどうかが成否を決める

ある人の性格、行動、他人とのつきあいかたから、仕事の出来、感情、信念、熱意、向上心、才能や能力まで、すべてはその人の持つ自己イメージによって変わってくる。つまり、人は自分がイメージする「自分」に合うように行動する。

失敗すると思っていれば、失敗する可能性が高い。

成功すると思っていれば、成功する可能性が高い。

「私は発想が泉のように湧いてくるアイデアマンだ」と思っていれば、発想が泉のように湧いてくるアイデアマンになるだろう。

「彼らが何でもできるのは、できると思っているからだ」と、古代ローマの詩人ウェルギリウスは言った。自己イメージが大きなカギとなるというのは、二〇〇〇年前だろうと現代のビジネス社会だろうと変わらない、基本的事実なのだ。

「仕事がうまくいくかどうかは、能力そのものよりも、気持ちの持ちように大きな影響を受ける」とスコットランドの詩人ウォルター・ディル・スコットは述べている。

アイデアに満ちあふれた人とそうでない人との間に、先天的な能力の差があるわけではない。アイデアを生み出せると思っているか、思っていないかの違いなのである。

たったそれだけのことだ。そしてこれは、疑いようのない事実である。

納得できない人は、考えてみてほしい。世の中には才能に恵まれているように見えるのに失敗する人が大勢いる一方、どう考えても能力がなさそうなのに成功する人が大勢いる。なぜなのか。

それは、勝敗を分ける要因が、能力のあるなしではないからだ。「自分には能力があると思っているかどうか」が、勝負の分かれ目なのである。

2. 自分を実際より高く評価すると、人は実際より「できる」人間に変わる

アメリカの心理学者ウィリアム・ジェームズが「同時代の最も偉大な発見」と呼んだ、ある事実がある。それは、

「人は自己イメージを変えることで、実際の自分も変わることができる」

ということだ。

ところが、他人を率いる立場にある人はおうおうにして「人は自己イメージを変えることができる」ということを認めたがらない。

だが、考えてほしい。たとえば現代では、気持ちの持ちようで「体」の働きが

変わることは誰もが認めている。

薬物依存症の人がプラシーボ（偽薬）を飲むと、薬物をやめても何の禁断症状も出ないこと、花粉症の人は造花を見ただけでくしゃみが出ること、愛されていない子供は成長が止まってしまうこと、催眠術をかければ患者は麻酔なしで手術できること、人間は意志の力で血圧や心拍数を下げられること、何の治療もしていないのにガン患者が自然に快方に向かうケースがあること――実例はたくさんある。

気持ちの持ちようで体の働きが変わるというのは、ずいぶん大胆な考え方だ。「心」が「体」という別のものに影響を与えるというのだから。これを認めることができるのなら、「人は自己イメージを変えることができる」という事実を受け入れるのは簡単ではないだろうか。心のなかにある自己イメージを、心が変えるということにすぎないのだから。

アイデアマン・メーカーを目指すなら、この事実を受け入れてほしい。部下は変わることができるし、変わらなくてはいけないのだ。

特に、あなたが業績不振の部署を任されているのなら。

3. 部下を変えることができるのは、上司であるあなた自身

かつて、こんな経験をした。

私は以前、フット・コーン＆ベルディング社のロサンゼルス支社でコピーライターとして働いていたことがある。一緒に仕事をしていたのは、グレンというコピーライターだった。彼は私より年上で人柄が良く、本気になったときにはすばらしい仕事をした。問題はなかなか本気にならないことだった。しじゅう酒を飲み、あまり仕事をしない。たまに仕事をしたかと思うと発想は古くさくて使えたものではなく、作品はとりとめがなくて支離滅裂だった。

伝説の広告マン、ジョン・オトゥールがロサンゼルス支社にクリエイティブ・ディレクターとしてやってきたころ、私は入れ替わりに会社を辞めた。その二年後、ジョンはシカゴ支社のクリエイティブ・ディレクターに昇進し、私はジョンの後任としてベルディング社に戻った。すると、グレンはまだベルディング社にいた。だが、彼は以前とは違っていた。負け犬のグレンではなく、優秀なグレンになっていた。私がクリエイティブ・ディレクターとして着任した初日から、彼の仕事ぶりは際だっていた。出してくるアイデアはおもしろいし、コピーは秀逸だし、そもそも酔っぱらっていなかった。

私はジョンに電話して、いったい何が起こったのか尋ねた。

「グレンが優秀なコピーライターだっていうことはわかっていた」と彼は言った。「ただ、自信をなくしていただけだ。だから彼にこう言った。『君は今までに出会ったなかで最高の書き手だ。もしよければ、私の文章に手を入れてくれないか』

ってね。広告用コピーからプレゼンテーション用原稿、レポート、企画書、手紙にいたるまで、書いたものはまずグレンに見せ、どうすればもっとよくなるか、アドバイスを求めた。彼はたった一カ月で元の自分を取り戻したよ」

ジョンはグレンの本来の力を引き出してやった。可能性の幅を広げた。グレンの背中をそっと押してやった。

これこそがアイデアマン・メーカーの仕事だ。

命令するのでなく、部下本来の力を引き出してやること。

やり方を指示するのではなく、枠を取り払ってやること。

先導するのではなく、背中を押してやること。

アイデアマンを育てること、アイデアが生まれやすい環境をつくることを追求していれば、いわゆる会社の目標——「より良いサービスを提供する」「より良い製品を作る」など――はひとりでに達成されていくだろう。

なぜなら、そうした環境をつくりだすことができれば、あなたの部下はさまざまなアイデアを駆使して、より良いサービスを提供し、よりすばらしい製品を作ることができるだろうから。それを、より早く、より効率的にやりとげる方法をも考えるだろうから。

だからあなたがめざすべきなのは、「利益をあげること」「より良い製品を作ること」ではなく、「部下がアイデアマンになれる環境をつくること」だ。

こう考えれば、上司としての動きかたが違ってくる。どんな職場環境を作るか、どんな指示をどういう方法で出すか、どんな人間を雇うか、会社のシステムをどうするべきか、仕事をどうやって進めるか、部下とどうつきあうか――すべてを新しい観点から考えられるようになる。

では、どんな環境なら部下がアイデアマンに育っていくのかを考えてみよう。

2

「そりゃ面白い」という気持ちが最優先の職場をつくろう

部下に自分自身を高く評価させるには、次のような職場環境が必要だ。ぎすぎすした空気ではなく、オープンでフレンドリーな雰囲気があること。上から押さえつけるのではなく、後ろから背中を押してやるような雰囲気があること。スタッフ間がばらばらでなく、まとまりがあること。

もっとも、ここまではリーダーシップ論やエンパワーメント（訳注・社員に大きな権限をもたせようという考え方）の本には必ず書いてあることだ。

だが、これでは足りない。

アイデアの満ちあふれる環境にしたいなら、職場は楽しくなくてはいけない。「働くのが楽しい会社にしよう」と、広告代理店を率いるデービッド・オーグルビーは言う。「作る側がちっとも楽しんでいないときに、いい広告はまず生まれない。仏頂面《ぶっちょうづら》はだめだ。笑いが一番。生き生きしたやりとりが職場に満ちるようにしよう」

オーグルビーの言っていることは、何も広告業界だけに当てはまる話ではない。どんな業種であろうと、同じことが言える。なぜならあなたもよくご存じの通り、楽しんでやっている人ほど、いい成果を上げるからだ。

「ビジネスの大前提は、つまらないものや退屈なものはだめということだ」と、経営コンサルタントのトム・ピーターズは言う。

「ビジネスは楽しくなくてはだめだ。楽しくないなら、人生を無駄にしていることになる」

オーグルビーもピーターズも、何が一番大切か、はっきり優先順位をつけていることに注目してほしい。いい仕事をすることと、楽しむこと、どちらが大切か。もちろん、楽しむことだ。

オーグルビーは言う。「一番大切な目標は何ですかと問われたら、クライアントや株主のために最大の利益を上げることではなく、**社員が楽しんで働けるような**職場づくりをすることだと私は答える。いい仕事も、クライアントへのいいサービスも、すべてはそこから始まる」

私もオーグルビーと同意見だ。人は楽しんでいるから、おもしろがっているからいい仕事ができる。その逆ではない。

確かにいい仕事をすることに喜びを感じ、達成感を感じる面もあるだろう。だが、少なくとも私が広告代理店で一緒に働いてきたコピーライターやアートディレクターに関して言えば、そうした達成感の恩恵を受けるのは当事者だけで、それが組織全体を動かすほどの力はなかったように思う。

だが、楽しさにはその力がある。

楽しさは伝染力が強い。いい仕事をする力を組織全体に次々と生み出していく雪だるま効果もある。

若いころ、こんなことがあった。

私が広告業界で働きはじめたころは、コピーライターもアートディレクターも、普通のビジネスマンと同じ格好をしていた。男性はスーツにネクタイ、女性はワンピースかスーツだった。

ところが、一九六〇年代後半に状況はがらりと変わった。セーターやジーンズ、Tシャツ、テニスシューズが職場に進出しはじめた。当時、企画部門のトップだった私は、ロサンゼルス・タイムズ紙の取材を受け、ああいう格好で職場に来ることをどう思うか、と聞かれてこう答えた。

「パジャマで出社したって構わないですよ。いい仕事をしてくれるなら」

この発言が新聞に載った翌日、当然のごとく部下全員がパジャマ姿で出社してきた。やられた。オフィスには笑いがあふれた。

何よりうれしかったのは、その日から数週間、かつてないほどオフィスに活気が出たことだ。みんなが楽しんで働いたことで、いい仕事ができたのだ。

ここで、もう一度順序を確認しておこう。まずは楽しむことだ。いい仕事はその結果としてついてくる。楽しむことで創造力が解き放たれる。それはアイデアを手に入れるためにまく「種」の一つなのだ。

なんと言っても、**アイデアマン・メーカーにとって一番大切なことは、そうした空気をつくり出すことだ。**毎日出社するのが楽しくて、仲間意識があって協力しあえて、自信を持って積極的に仕事に取り組む雰囲気があって、同僚の仲がよくて、社員が自分を「単なる一従業員」ではなくて「会社を動かす主人公」だと思うことができて——つまりは働くのが楽しいという空気を生み出すことだ。

そうした環境ができたとき、仕事はいやいやするものではなくなり、苦労したり身構えることなく、自然にできるものになる。そうすれば今まで考えもしなかったような新鮮な発想が、簡単にどんどん生まれてくることだろう。

哲学者アラン・ワッツもこう述べている。

「仕事と遊びを区別してはいけない。それから、仕事と遊びを区別してはいけないということを、一瞬たりとも深刻に考えてはいけない」


さて、次章からは部下が自分自身を高く評価できるようにするには、そのための環境を整えるにはどうすればいいのか、具体的にご紹介していきたい。つまりは、部下がよりたくさんの、よりすばらしいアイデアを生み出すためにはどうすればいいか、というアドバイスだ。

もし、納得がいかないもの、しっくりこないものがあったら、無視してほしい。納得できないままに私のまねをすることはない。本書のアドバイスを参考に、あなた流のアイデアマン・メーカーを目指してほしい。

III

〔基本編〕アイデアマンを育てるために

ひとりでできる16のこと

1 「黄金律」に従おう

「何事でも人からしてほしいと望むことは、人にもその通りにせよ」

これは「黄金律」と呼ばれるイエス・キリストの教えだ。これは人間にとって大切な道徳であり、人生の教えだ。でもそれだけでなく、私たちにとってはアイデアシップの基本原理である。

部下はみんな「自分はこんなレベルで終わる人間じゃない」と思っている。もっと上へ行けると思っている。

目標は社長か、最悪でも部長。そんなことを考えているはずだ。あなたも駆け出しのころ、そう思っていたように。

社内を大いに沸かせるような画期的なアイデアを生み出すことを夢見ている部下も多いはずだ。あなたも彼らくらいのころ、そう思っていたように。

あのころ、あなたが「自分をこう扱ってほしい」と思っていたのと同じことを、今の彼らも考えている。

使用人か子分のように扱われること、自分では考えることができず、命令を実行するだけの人間のように扱われることはまっぴらだったはずだ。彼らだって同じだ。

あなたは、自分がいつの日か到達するはずのレベルにすでに到達しているものとして扱ってほしかったはずだ。上司には、まだ表には出ていない自分のなかの可能性を見てほしかったはずだ。

彼らだって同じだ。そして人は、自分にはすばらしい能力があると信じないかぎり、すばらしい能力を発揮することはできない。

あなたの役目は、部下が「自分にはすばらしい能力がある」と思えるように、手助けすることだ。自分の能力を信じられない人は、決してその能力を開花させることはできない。

部下が創造力を存分に発揮し、生き生きと仕事に励むさまを見たいなら、彼らを「出来の悪い使用人」として扱うのでなく、「才気あふれるアイデアマン」として扱うことだ。

ゲーテは書いている。「人は等身大の扱いを受けると、現状より悪くなる。秘められた可能性をすでに開花させたものとして扱われると、その可能性を実現させることができる」

2

部下と対等に向き合おう

部下は単なる労働者ではない。アシスタントでもなければ研修生でも、家来でも、まぬけでも、使用人でもない。彼らは人格を持つ人間だ。あなたが彼らを人間と考えるなら——独立した、重要な、唯一無二の人間と考えるなら——彼らもそれを感じ取り、あなたを信頼することで応えてくれるだろう。あなたを助け、あなたの提案を受け入れ、あなたの失敗だって許してくれるだろう。

部下を人間として扱うこと。人間として好きになること。それができないなら、アイデアマン・メーカーへの道はあきらめたほうがいい。人生の貴重な時間を費やして苦労し、結局は失敗するだけだ。

管理職の地位にある人のなかには「兵隊」とは距離を置いたほうがいいと考える人もいるだろう。個人個人の顔が見えるようなつきあいかたをすると自分の権威が薄れ、リーダーとしての能力が損なわれると心配するわけだ。ばかばかしい。

正反対だ。よく知らない相手のために一肌脱ごうという人はいない。お高くとまっている上司を見てやる気を起こす部下などいるわけがない。管理職が部下を人間扱いしない会社が成功することもあるが、それは「そういう管理職がいたにも関わらず成功した」のであって、「その管理職がいたから成功した」のではない。

そもそも、あなた自身はどうだろう。自分のことを人間扱いしない上司と一緒に仕事をする気になるだろうか。

あなたが思うのと同じことを、部下も思っているはずだ。

アイデアマン・メーカーはドアを開け放つ。壁を取り払う。部下と真正面からつきあう。自分から積極的に歩み寄る。だから部下も、自分が大切に思われていることを感じる。

オフィスにこもりきりで近寄りがたい人、部下と親しく語り合うこともなければ、部下に鋭い指摘をすることもない人、権威を盾に自分を守る人——彼らはアイデアマン・メーカーではない。リーダーですらない。彼らは単なる管理者にすぎない。

ニューヨークの大手広告企業に勤めていた友人が、こんな話をしてくれた。

「うちの企画部門には百人を超えるコピーライターやアートディレクターがいたんだが、その責任者だった上席クリエイティブ・ディレクターが辞めたんだ。その席を狙ってた人間は多かった。実際『あの人なら』という人材は部内にたくさんいた。

ところがトップ連中はカリフォルニアの有力企業から女性を引き抜いてきた。当然、みんな反発した。でも、彼女はあっという間に僕たちの心をつかんだ。やったのは簡単なことだった。初出社の日、彼女は自分のオフィスのドアを取り外して地下室にしまいこんだんだ」

ほら、ドアを開け放つどころか、はずしてしまう猛者だっている！

3

部下はあなたのためにではなく、あなたとともに働いている

アイデアシップは無理やりに実践するものではない。地位を利用して押しつけるものでもない。あなたの人柄、発想、ビジョン、思い、情熱が自然に部下を揺さぶり、動かしてこそ意味がある。

大事なのは「この上司と一緒に仕事をしたい」と部下が**自分から**思うことだ。「この上司と一緒に仕事をしなくてはならない」ではいけない。

なぜなら、やりたくてやった仕事なら斬新なアイデアやのびのびした着想が随所に見られるのに、命令されてこなした仕事にはそれがないからだ。

確かに仕事のなかには、有無を言わせずに部下を動員し、機械的にこなさなくてはならないものもある。しかし、アイデアマン・メーカーの本分は、部下が斬新で生き生きしたアイデアを生み出せる空気をつくることだ。そのためには、部下が自分からこの仕事をやりたいと思う気持ちが欠かせない。

4 部下に好かれよう

「部下には尊敬されていればいい、好かれているかどうかなんて気にするな」という考え方は、ひと昔前の軍隊なら通用したかもしれない。だが、今のビジネス社会では意味をなさない。

もちろん、部下には尊敬される必要がある。それは当然のことだ。だが、尊敬されるだけではだめだ。好かれなくてはならない。理由は簡単、嫌いな人と一緒に働くのは誰だって楽しくないからだ。楽しくなければ、仕事は「苦行《くぎょう》」になる。おもしろくない、退屈なだけのやっかいごとになる。

好かれる上司であることがいかに大きなパワーをもつか、私は広告業界でその実例を何度も目にしてきた。

広告代理店の企画部門は、大規模なところだとコピーライターとアートディレクターが組になって、いくつものグループをつくり、各グループをクリエイティブ・ディレクターが率いる。一年の間に、グループ間の人事異動は頻繁におこなわれる。たとえばアートディレクターのAさんがグループ1からグループ2に異動し、コピーライターBさんがグループ3からグループ4に異動する、という具合だ。

こうした異動の際に、みんなから好かれていないクリエイティブ・ディレクターが率いるグループから、みんなから好かれているクリエイティブ・ディレクターが率いるグループへと移ったとたん、見違えるほどいい仕事をするようになったコピーライターやアートディレクターを私は何人も見てきた。「好かれるかどうか」は大きな問題だ。肝に銘じてほしい。

では、部下に好かれるためには、どうしたらいいだろう?

簡単だ、あなたが部下を好きになればいい。

5
非難は自分のものに、賞賛は部下のものに

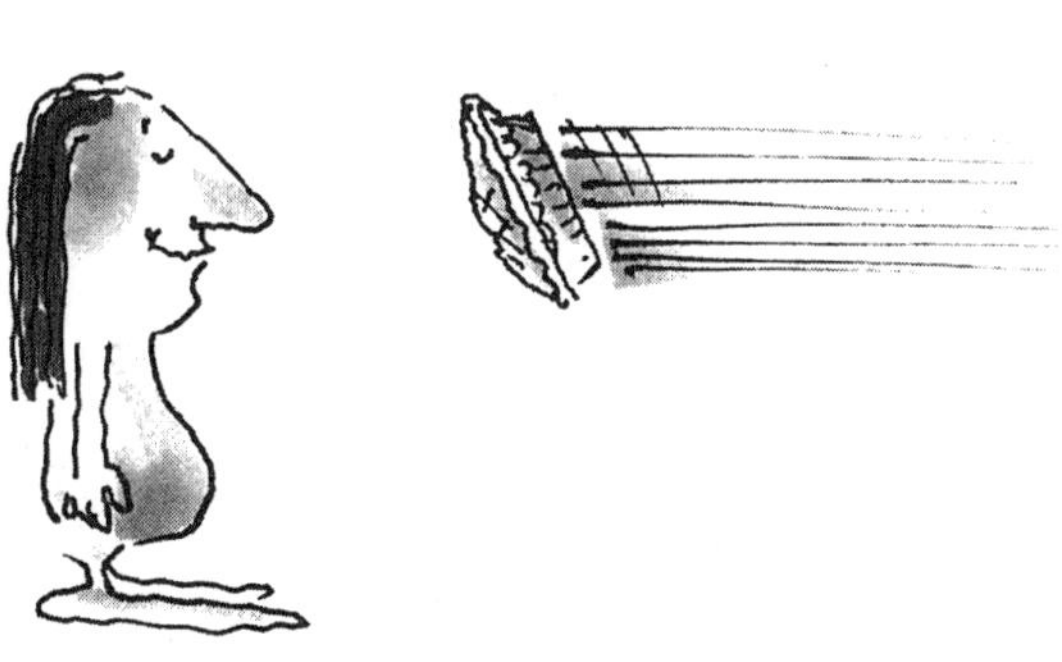

上司という立場にあると、プロジェクトがうまくいかないときには責められ、うまくいったときには賞賛されることになる。

そこで、だ。

失敗したら「私の責任です」と矢面《やおもて》に立とう。

なんだかんだ言っても、あなたの責任は大きい。あなたはプロジェクトにゴーサインを出した。スタッフを揃えた。研修に関わった。システムやスケジュール作りにも関わった。職場環境を整えたのもあなただ。うまくいかなかったら、実際に仕事に関わった部下と少なくとも同程度の責任はあなたにもあるはずだ。百歩譲ってあなたにまったく落ち度がなかったとしても、部下を責めれば、責められた部下も、責めたあなたも傷つく。みんなが嫌な思いをする。

反対に、あなたが責めを負えば、誰の損にもならない。責任を認めなければ、あなたは上司からも部下からも陰で軽蔑されることになるだろう。それなら責任を認めるほうがずっと建設的だ。

ほめ言葉をもらったら「部下のおかげです」と言おう。そうしなければ、プロジェクトに関わった部下全員を敵に回すことになる。「部下のおかげです」と言えば、周りはあなたが謙遜しているだけだと思い、かえってあなたの力を認めるだろう。逆に、ほめられてそのままにしていたら、あなたは手柄を一人占めしたがるがつがつした人間だということになってしまう。

こんな話がある。

一九〇一年、アンナ・エドソン・テイラーは人類史上初めて樽に乗ってナイアガラの滝を下った。生還した彼女はその体験について語った。

あちこちで語った。

茶会で語り、ランチで語り、ディナーパーティーで語り、ブリッジ・クラブで語り、洋裁の会で語り、政治集会で語り、企業の会合で語り、労働組合の集会で語った。彼女は新聞のコラムニストに語り、雑誌の編集者に語った。機会さえあれば彼女は必ず口を開き、死をも恐れぬ滝下りの冒険について自慢話が始まった。

とうとう、由緒あるデンバー・リパブリカン紙が社説で皮肉った。「テイラー夫人は、樽と分かちあうべき栄誉を一人占めしすぎているのではないか」

あなたも樽と一緒に激流を下ってきたはずだ。樽をたたえるのを決して忘れてはいけない。

6
気が合う人だけを雇おう

履歴書に何と書いてあっても、学位や「優」や賞をどれだけたくさん取っていても、どんなにすばらしい親や教師を持つ人でも、どんなに高い教育を受け、どんなに華々しい職歴があり、どんなに強力なコネがあり、どんなビジネス上のパートナーがいても、どんなにすばらしい仕事をした経歴があり、どれだけ知識が豊富で、どれだけ話術や文章力やプレゼンテーション能力や自己管理能力に長《た》け、どれだけ立派な証明書や推薦状があり、どれだけあなたが探しているポストに適任のように見え、どんな学校を卒業し、どんな人と知り合いで、どこでまたは誰と働いた経験があり、何に取り組んできた人であろうとも、

その人と気が合わないなら――一緒にいて違和感があるなら、落ち着かないと感じるなら、車で一緒に大陸横断旅行をする気にはなれないと思うなら――

その人は雇わないことだ。

もし雇ってしまったら、そのうち必ず困ることになる。

そういう人はあなたにとっても部下にとっても、一緒に働いて楽しくないはずだ。アイデアという繊細なものを生み出すために欠かせない仲間意識を共有できないからだ。

むしろ、アイデアマンを生み、育てるためにあなたが整えなくてはならない最も大切なもの——会社の雰囲気——を壊してしまうことになりかねない。

気が合う人と仕事をすれば必ずうまくいくと言っているわけではない。うまくいかないことだってある。ただ、気が合わない人と仕事をしたら、絶対にうまくいかないと言っているだけだ。これは保証する。

人材を探すときには相性以外にも気をつけたいポイントがある。好奇心の強い人を探そう。あらゆることに関心をもっている人、狭く深い知識ではなく広く浅い知識をもっている人がいい。

同僚とうまくやっていける人を探そう。チームプレーにおいては、能力よりも相性のほうがずっと重要だ。だから採否を決める面接の際には、チームを組むことになる人が複数で会っておいたほうがいい（面接に同席するのが無理だとしても、何かの形で話す機会を設けたい）。チーム内に面接相手を気に入らない人がいたら、採用は慎重にしたほうがいい。

元気があって、よく笑い、遊ぶことが好きで、ユーモアのセンスがある人を探そう。

「まじめくさった人は大した考えをもっていない」

と言ったのはフランスの詩人ポール・ヴァレリーだった。「アイデアいっぱいの人は決して深刻にならない」

燃える魂の持ち主を探そう。誇りをもった人を探そう。野心をもった人を探そう。惜しみなく自分を差し出し、貪欲に夢を追求する人を探そう。ルールを破る人を探そう。独創的かつ大胆な発想であなたをあわてさせる人を探そう。

今のやり方に満足できず、現状を変えたいという思いを持つ人、いや現状を変えなくてはならないという強い欲求を持つ人を探そう。ビジネスから世界の歴史にいたるまで、現状に満足している人が何かを変えたためしはない。

疑問を投げかけることなくすんなり受け入れる人、波風をたてずに毎日をすごす人――こうした人は常識の枠を超えた独創的な発想とはほど遠いところにいる。なぜなら彼らは前例の通りに行動するからだ。

部下が創造力を生かし、試行錯誤して自信をつけていくように、それによって自分で自分をリードしていける人材、つまりアイデアマンになれるようにもっていく――それがあなたの仕事である。

7 部下を信頼しよう

「相手を信じよう。そうすれば相手も誠実に対応してくれる」とアメリカの詩人エマーソンは書いている。

上司が部下を疑えば、部下だって自分の力を信じられなくなる。疑いは失敗のはじまりだ。

できるかどうか今一つ自信の持てない仕事を前にしたとき、上司が「あいつにはできる」と信じてくれているとわかったら、やれる気になるものだ。信頼されることで自信が湧くのである。いったん自信が湧いたらしめたもの、仕事の質だって上がってくる。

もちろん、部下に仕事を任せて放っておけ、と言っているわけではない。進み具合を定期的に監督するのは当然のことだ。

ただ、監督すると同時に「この仕事は君に任せたよ」「すばらしい仕事をしてくれると信じているよ」というサインを明確に出しておくことだ。

8 惜しみなく部下をほめよう

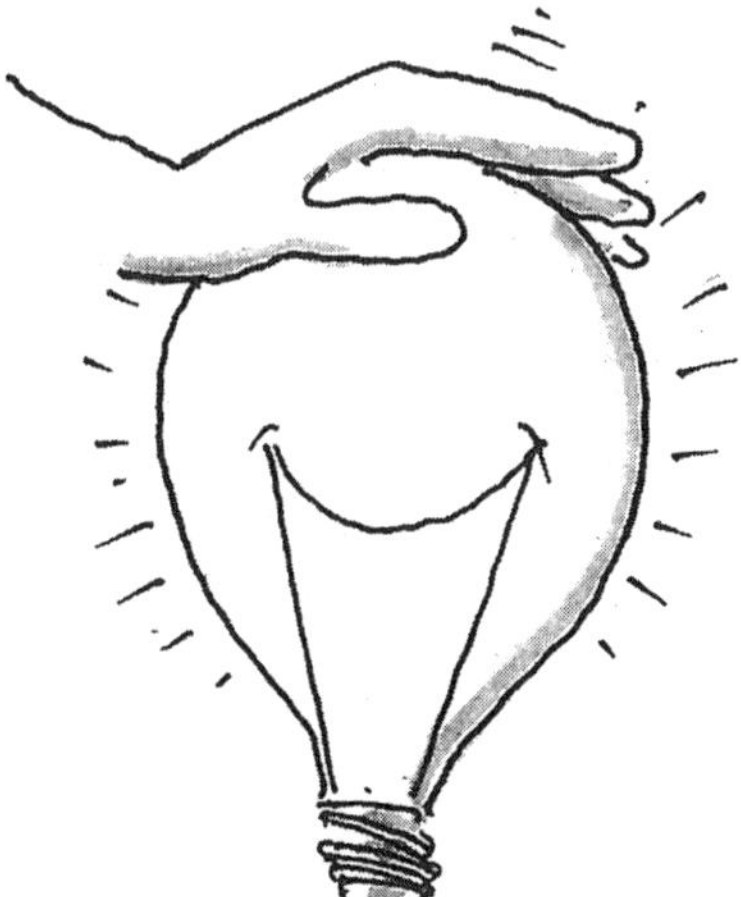

スペインの哲学者バルタザール・グラシアンは一六五三年にこう書いている。

「才能にとって、賞賛は命であり、息吹である。ちょうど花にとっての西風のように」

アメリカの大手証券会社の元会長チャールズ・シュワブは言った。

「どんなに地位の高い人でも、批判にさらされたときより、賞賛されたときのほうが心血をそそいですぐれた仕事をするものだ。そうでない人に私は会ったことがない」

大リーグきっての強打者レジー・ジャクソンは言った。

「すぐれた監督は選手に『自分は自分が考えているよりも能力がある』と思わせるこつをつかんでいる。選手が自分自身を高く評価するよう仕向けていく。こちらが選手を信頼しているということを伝える。人は、自分にはもっと能力があるはずだと気づいたら、いつだってベストを尽くすようになる」

「ことあるごとにほめられて育った子供は、ことあるごとに叱られて育った子供より知能が高くなる。これは科学的に実証されていることだ。ほめるという行為には、人の能力を引き出す力がある」と、ニューヨーク大学のトーマス・ドライアー教授は書いている。

ここに紹介した人たちをはじめ、多くの人たちは気づいている。ほめられることで人は伸びる、と。

なかには「軽々しくほめるのはよくない。よくよくのことがあったときにのみほめるべきだ」と考える人もいる。ほめてばかりだとありがたさが薄れる、上に立つ者は部下をめったにほめず、ここぞというときにだけほめるほうがいいというのである。

そんなことはない。

そうした態度では、アイデアマンを育てることはできない。

理由をはっきり挙げてほめるかぎり、「ほめすぎ」という事態は起こりえない。心からほめられたいという思いは、何度ほめられても尽きることはない。思い起こしてほしい。あなたはほめられ飽きたことなどあるだろうか。部下だって同じことだ。

よくほめる人に比べて、めったにほめない人から賞賛されたほうがありがたみが増すということもない。

確かに、たまにほめられたほうが、始終ほめられているよりもインパクトは大きい。

だが、ほめ惜しみが相手に与える悪影響のほうが問題だ。なかなかほめられないと、傷つくだけでなく、しばしば悲惨な結果をもたらす。人はほめられないと「自分の仕事はやって当然のものと思われている」「大した価値のないものと思われている」と考える。それは正当に評価してもらえない、認めてもらえないという不満となり、怒りや恨みを生むことになる。

何よりも困るのは、ほめられないと自己イメージが低くなってしまうことだ。アイデアマン・メーカーの第一の仕事は部下に自信をつけさせることだ。めったにほめない人が上司だと、部下は自分の能力に自信が持てなくなってしまう。

断っておくが、大仰に何でもかんでもほめまくれと言っているわけではない。ただ、ほめ惜しみは絶対にいけないということだ。

頻繁にほめるためには、その方法も考えておこう。心してほしい。毎日ほめても、決してほめすぎではない。

米国ホンダのサービス・トレーニング・マネージャー、ジョン・ボールは、率先して部下をほめている。彼は毎日「部下は日々ほめられること、自分のやった仕事について感謝されるのを望んでいることを忘れないようにしている」そうだ。

そして「パソコン画面にばかりかじりついていないでこちらから席を立ち、部下のそばまでいって様子を見、『あれはどうなった？』と尋ね、手助けを必要としているのか判断し、可能ならその手助けをしようかと声をかけ、そして何よりも『君たちのやっていることはとても重要だ』と心からねぎらいの言葉をかけるようにしている。君たちの仕事は私にとっても、会社にとっても、お客様にとっても大切なものだ、と」

9

失敗する自由をもたせよう

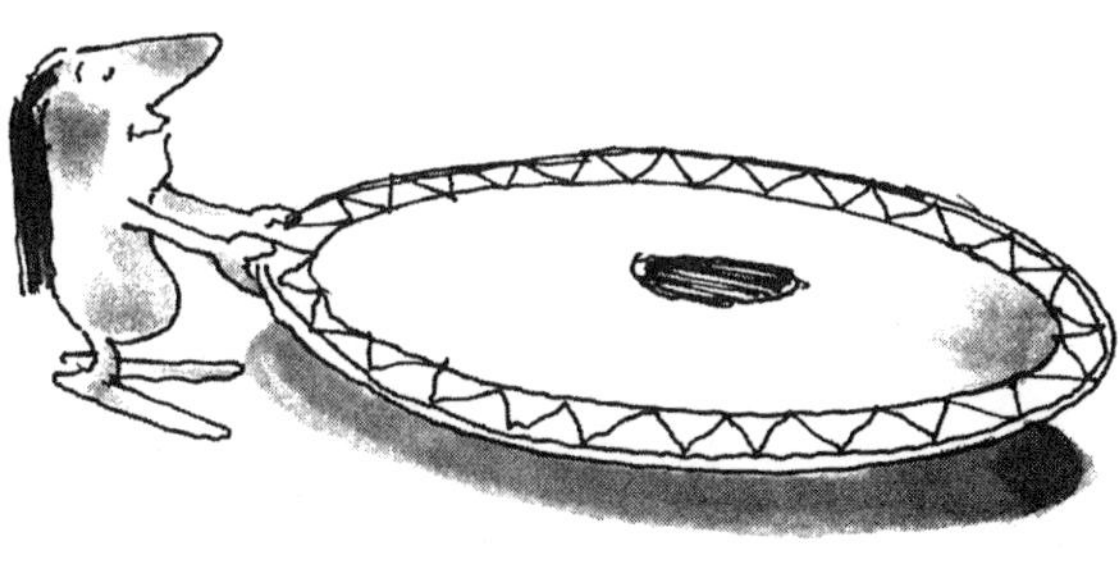

部下がいい仕事をしたときにほめるのは難しいことではない。無能な上司だってそれくらいならできる。

上司の真価が問われるのは部下が失敗したときだ。失敗したとき、人は最も傷つきやすい状態にある。自信をすっかりなくしてしまいかねない。

いい仕事をする人は、自分の才能を信じ、自分の発想に自信を持っている。彼らは思い切ってホームラン狙いの大勝負に出る。だからこそ、すぐれた成果をあげているのだ。ところが、その結果がたまたま三振だったからといって上司からなじられたり、無視されたら、次からはシングルヒットを狙うような小粒の勝負しかできなくなるだろう。

部下が力を尽くして勝負したときには、その奮闘をねぎらってやろう。ヒットを打てたにせよ、打てなかったにせよ、他人が試みもしないようなことに挑戦したということ自体、すばらしいのだから。

「『プロセスと結果は別のもの』がマネジメントの基本ではないか」と考える向きもあるだろう。

だが、結果はそこにいたる奮闘があってこそ生まれるものだ。クリエイティブな仕事をするスタッフと関わってきた私の経験から言えば、彼らの努力そのものを認め、ほめてやらなければ、よりよい成果を目指して戦おうという気持ち自体が萎《な》えてしまうだろう。

10

会社やあなたの目的でなく、部下自身の目的を大事にしよう

ナポレオンは部下に「勝て」と命令したことは一度もなかったという。勝利はあくまで自分の望みにすぎない。それをわかっていた彼は、部下には勝てとは言わなかった。むしろ、彼らが空腹なら食物を約束し、ふるさとを恋しがっているなら帰郷休暇を約束し、忘れられているならその働きを表彰することを約束し、疲れているなら休息を約束し、寒さにふるえているなら寒さよけの小屋を約束した。

あなたも、会社の目標を口うるさく連呼するのはやめた方がいい。「地元最大の広告代理店になる」のは、確かに会社の（またはあなたの）望みかもしれない。だが部下は「金をもうけ、有名になる」ことを望んでいるのかもしれない。

少なくとも年に一度は部下とゆっくり話し合う時間を取り、彼らが何を望んでいるのかを把握しよう。そして彼らの望みを、目標を、念願をかなえるために一緒に努力しよう。

かつて部下の望みを聞き取り調査していた私は、あるアートディレクターの望みを聞いてびっくりした。彼女が一番望んでいたのは昇給でも、地位でも、独立でも、責任の重い仕事を任されることでも、権限をもらうことでも、ほめられることでも、意義深い任務を与えられることでも、ゆっくりできる時間をもらうことでもなかった。彼女が最も望んでいたのは、車が故障したときに大騒ぎしなくてもすぐに担当者がやってきて無料で修理してくれるという保証だった。

そこで私は会社に掛け合って地元の自動車整備会社と契約を結び、二四時間いつでもかけつけてもらえるようにすると同時に、常に代車を一台スタンバイしておいてもらうことにした。

これは会社にとってみれば、彼女の給料を上げることに比べてずっと安上がりな解決法だった。そして彼女にとっても、昇給よりもずっとうれしいプレゼントだった。

11

嘘をついてはいけない

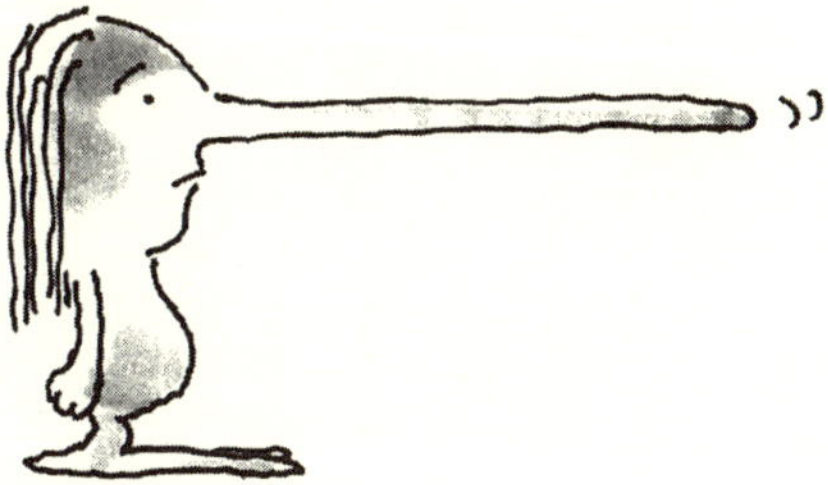

嘘は誰だってつく。「ほんとに気にしてないから」とか「ああ、『白鯨』なら読んだことあるよ」とか「悪い。今夜は忙しいから無理」という嘘は罪がない。

だが大事なことに関する嘘——部下や仕事や家族に関する嘘——はゴキブリのようなものだ。そうした嘘が一つ見えると、その背後に同じような嘘が何百もあるに違いないと思えてくる。

あなたが何か大事なことに関して嘘をついている、と部下が疑ったとしたら、彼らはあなたを信頼しなくなるだろう。

あなたのことを信頼していない部下は、あなたに心を開かなくなる。

部下が心を開いてくれないかぎり、アイデアシップの実践などできるはずがない。

かつて一緒に仕事をしたことのあるディレクターに、締め切りについてことあるごとに嘘をつく人がいた。私はスタッフと二人で週末をつぶしてキャンペーン準備に追われたこともある。締め切りが火曜日だとそのディレクターから聞いていたからだ。ところが月曜日になってわかったのは、締め切りが翌日ではなく「次の」火曜日だということだった。

もちろん、私は以後そのディレクターに一度として心を開くことはなかった。

12

情熱を伝染させよう

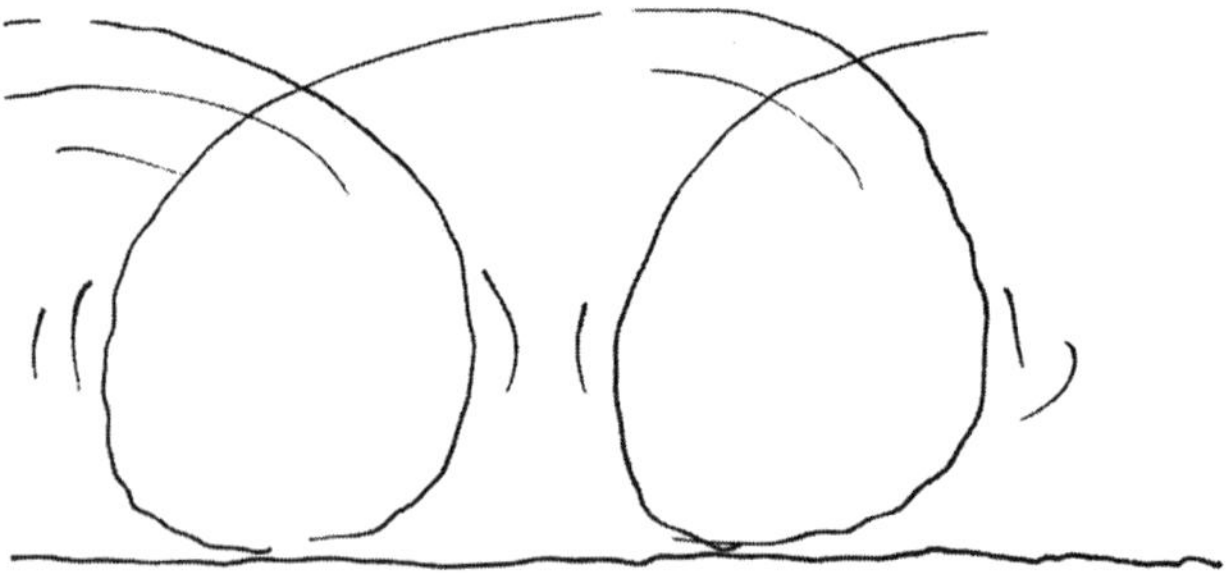

のびのびした反応をする部下、生き生きとしゃべる部下、楽しそうに働く部下と仕事をするのは楽しいものだ。だからあなたもそういう上司になろう。

情熱は、たぶんほかのどんな感情よりも、伝染力が強い。あなたが放つ光は部下を輝かせる。あなたの心に燃え上がる火は、部下の心にも火をつける。情熱がないところには退屈があるだけだ。

情熱をもったアイデアマン・メーカーは「何だってできる」というムードも創り出す。数々の困難、反対意見、障害、

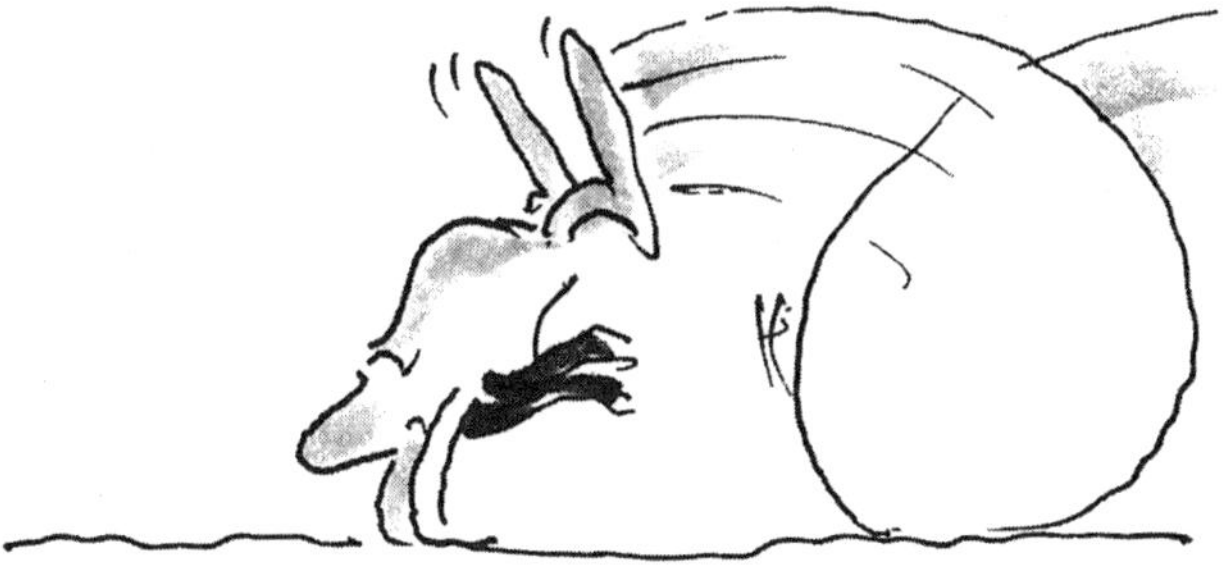

過去の失敗、資金繰りのつらさ、規則、どうせだめだという弱気、懐疑的な考えかた——情熱はこれらすべてをきれいに追い払ってくれる。

それに「何だってできる」と思ったら、何だってできる。

だからエマーソンは言ったのだ。

「情熱なしに成し遂げられた偉大な業績はない」

13

部下に助けを求めよう

金を貸せば確実に友を失う。

助けを求めれば確実に友を作ることができる。

部下が友だちでないより、部下が友だちであるほうがずっと楽しい。

助けを求めるときに忘れてはならないのは、相手に敬意を払うことだ。ジョン・オトゥールがグレンに敬意を払ったように（26～27ページ参照）。「あなたの判断を尊重する。あなたの意見を大切にする」と相手に伝えることだ。

それは、部下に自信を持たせることにもつながる。なぜなら仕事を進めていくうえで部下の判断力、実務能力、問題解決能力が不可欠だということを示すことになるからだ。

もちろん、助けを求めたときには部下が出した答えを受け入れるか、却下するならその理由をはっきり伝えることが肝心だ。答えを受け入れもせず、その理由も明確にしないのでは、助けを求めた意味がまったくなくなってしまう。

14

「私」は禁止

「私」という言葉は壁を作る。「私」と言ったとたん、そこには二つのグループができる。「私」と「私以外の人々」である。アイデアマン・メーカーの役目は組織の結束を固くすることであって、組織を分断することではない。国家というものが国民の分裂に長く耐えられないように、組織もメンバーが分裂したらばらばらになってしまう。

「私」という言葉を「そのアイデアは私が思いついた」という形で使うのは正確ではない。

SF作家のレイ・ブラッドベリからこんな話を聞いたことがある。小説のために自分で考え出したつもりのアイデアも、実は二〇年前に読んだ何かと、昨日読んだ何かが「衝突して」生まれたのかもしれない、というのだ。

あなたの心に浮かんだアイデアだって、その種を誰がまいたのか、自信をもって言えるだろうか。夫が、または妻が偶然口にした言葉だったかもしれないし、通勤中に目にした看板だったかもしれない。会議での発言だったかもしれないし、誰かの表情だったかもしれない。子ども時代の思い出、映画、歌、詩——どんなアイデアだって、その背後には無数の貢献者がいるはずだ。

だから「私」の代わりに「私たち」という言葉を使おう。「私たち」は絆を強める言葉であり、より正確だ。上司の「私たち」は部下のやる気を引き出すはずだ。自分たちの功績が認められている、自分たちは会社に貢献している、ということを実感させてくれる言葉だから。

15

バカなことをしよう

間抜けな質問をしよう。バカなことを言おう。つまらないことを考えよう。非常識なことをしよう。不合理なことをしてみよう。現実的ではないことを考えよう。筋の通らないことを言い張ろう。当たり前だと思えることを疑ってみよう。ルールを破ろう。子どものように振る舞おう。遊ぼう。一か八か賭けてみよう。間違いをしよう。

あなたがそうした姿を見せれば、部下だって安心してバカなことを考えられる。

彼らにはアイデアを生み出す力がある。バカなことを考えられる環境がなくては、その力は発揮できない。

16

まず、あなた自身が楽しもう

肩の力を抜こう。リラックスしよう。ほら、笑顔。笑って。楽しまなくちゃ。

あなたがまず楽しんでいなくては、部下だって楽しく仕事ができない。

彼らにはアイデアを生み出す力がある。楽しんで仕事ができなくては、その力は発揮できない。

Ⅳ

〔応用編〕

アイデアマンを育てるために

会社で取り組む7つのこと

1　承認印を減らそう

ある人が別の人に承認を求めなくてはならないとき、そこに序列が生まれる。企業がビジネス社会を生き抜いていくには、確かに序列も必要だ。社内でのチェック機能もいる。管理を「する側」と「される側」の区別も必要だろう。

しかし、承認を必要とする事項を多くすればするほど、組織のなかの溝は深まる。「あちら側」と「こちら側」、「信頼されている側」と「信頼されていない側」という差異がくっきりと出てしまう。

だから、承認というステップはできるだけ減らそう。

まず何とかしたいのは、出張旅費や経費の立て替え分を会社に請求するとき、上司の承認印を必要とする制度だ。

この制度は部下の自尊心を傷つける。上司にお伺いを立てるたびに、上司には権限があって自分にはないこと、上司は会社に「信頼されている側」で自分は「信頼されていない側」であることを思い知らされるからだ。

承認印を必要とするやり方をしていると、押印する側の社員は自分が人を「雇っている」気になり、印をもらう側は自分が「雇われている」感を強くする。だが、実際にはどちらでもない（もちろん、あなたが会社の経営者ならば、文字通り「雇っている側」になるが）。押印する人も、印をもらう人も、**一人一人が会社そのものなのである**。

アイデアマン・メーカーの役割は、会社の誰もが――管理職であろうが受付係であろうが、全員が――「**自分が会社だ**」と感じることができるように、自分の立場でできるかぎりの力を尽くすことでもある。

会社のために金を使おうとしているのに承認印が必要だと言われては「自分が会社そのものだ」という実感は育たない。むしろ、そうした気持ちをぶちこわしてしまう。

「そんな青臭いことを言っていたのでは、会社が倒産してしまう」と心配する人もいるだろう。だが、私は実際にこの方法でうまくやってきた。

私は一五年以上にわたって企画部門を率いてきた。われながらいいリーダー、いや、アイデアマン・メーカーだったと思う。その間、どんなときでも忘れないようにしていたのが「信頼できる部下を持つには部下を信頼することだ」という信念だった。

だから、**経費の使い道について部下を問いただすことは一度もしなかった。**「経費について私がいちいち判断するのは、君たちを疑うようで不愉快だ。経費をごまかすようなことはしないと信じている」と部下に言い、彼らが伝票を持ってきたら中身を確認せずにサインした。

正直に言えば、このやり方につけこんだ不心得者も何人かいた。だが、いくらかの金額的な損失も、部下が自分に誇りを持ち、結果としていい仕事が生まれるようになったことを思えば安いものだった。

2 会社を社員のものにしよう

「会社は社員のものだ」という考え方を浸透させる一番確実な方法は、実際に**会社を「社員のもの」にしてしまう**ことだ。

なんと言っても現実に会社を動かしているのは、働いている彼らなのだ。

たとえば、勤続八カ月以上の社員は全員が会社の株主になるというシステムを採用してはどうだろう。そうすれば、社内に活気がみなぎってくる。

もちろん実現可能な話だ。社員を何らかの形で経営に参画させている企業は数多い。あなたの会社にできないはずがない。

3
アイデアのヒントをどんどん差しだそう

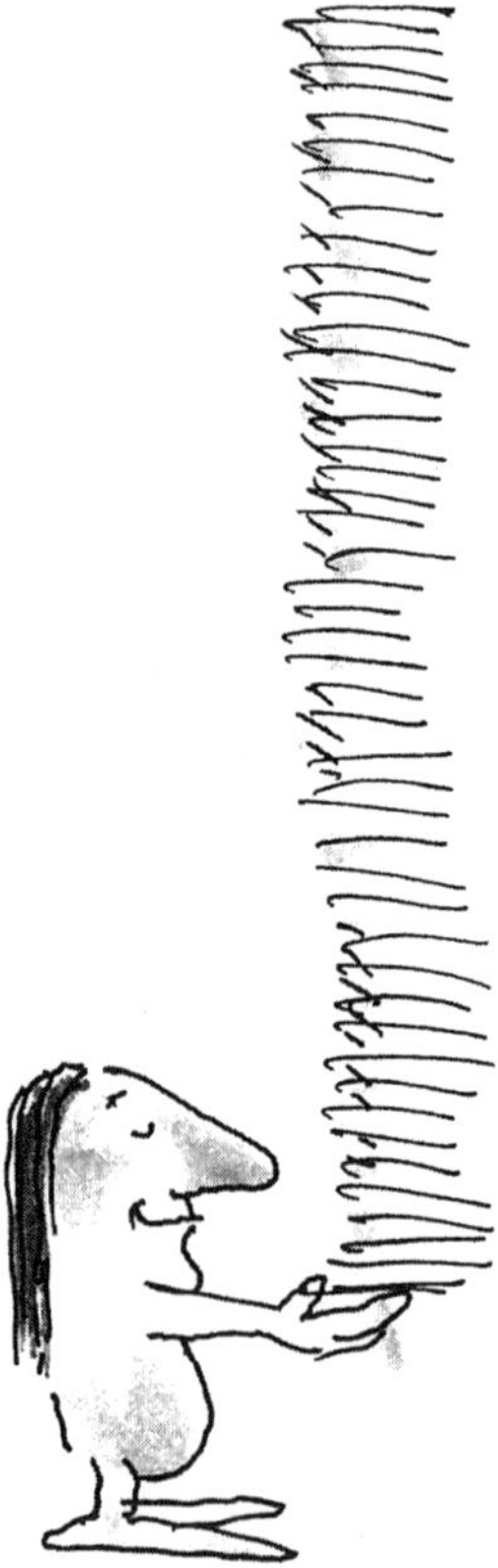

新しいアイデアは、まったく何もないところからひねり出すものではない。シェフが新しいメニューを考えるときのように、さまざまな素材のなかからいくつか選び、新しい組み合わせを考えていく。

手持ちの素材の種類が多ければ多いほど、独創的な新しい料理が生まれる可能性も増す。

あなたの部下は日々さまざまな素材を集めている。毎日の暮らしや人々の動き、出来事などに関する情報をいつもチェックしているはずだ。

だからあなたは、あなただからこそ提供できる素材を揃えて部下をバックアップしよう。たとえば製品や顧客やコンペに関する具体的な情報を、部下は持っているだろうか。

あなたの持っている知識すべてをさらけ出そう。それ以外に彼らが欲しがっている情報があれば、彼らのために手に入れよう。

企画部門を率いていたとき、私はコピーライターとアートディレクター全員に、担当するプロジェクトの経理関係の会議にも出席する権限を与えていた。

クリエーターの仕事は打ち合わせの連続だ。だから彼らにこれ以上の会議に出席する余裕がないことはわかっていた。だが、経理関係の会議にも出席できるようにすることで、情報はアイデアを生み出すための燃料だということをみんなにアピールしたのだ。

4
組織は小さくしよう

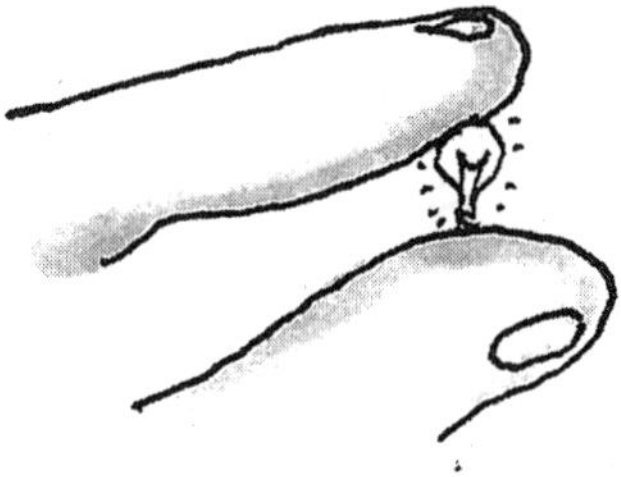

従業員数二五人から三〇人くらいの会社は、社員のほとんど全員に意思の疎通があり、みんなで助け合う場合も多いようだ。ところが規模が大きくなるにしたがって、社員はばらばらになり、知らない者同士の関係になってしまう傾向が強い。

新鋭の広告代理店セント・ルークスの創立者アンディ・ローも、こう書いている。「同僚間で仲間意識が芽生えるのは三五人くらいまでで、それ以上の規模になると、互いへの関心を失ってしまうことがわかった」

アイデアマン・メーカーとしてのあなたの役割は、部下が互いを気にかけ、仲間意識を持ち、たとえ規模が大きくなってもその意識が持続するように努力することだ。

一つの方法としては、規模が大きくて知らない者同士の集まりという会社にならってしまわないよう「小さな会社がたくさん集まった大会社」という形にすることも考えられる。

これはもちろん、より多くの社員に権限を与え、責任を持たせることを意味する。

そうすればするほど、部下は自信を持つようになる。

5

会社の事情はすべて話そう

実戦的なアイデアを出すことを部下に求めるなら、部下には、そのアイデアを何に使うのかという目的をはっきり示し、アイデアを出すにあたって必要な情報、利用できる手段をすべて伝えなくてはならない。

隠しごとは無しにしよう。トップだけが知っている極秘事項を作ってはいけない。

すべてを見せよう。会議の内容について、合併の可能性について、すべて知らせよう。クライアントや消費者の苦情を伝えよう。

会社の現状について毎週火曜日の朝にブリーフィングしよう。部下からの質問には包みかくさず、誠実に答えよう。

すべてをオープンにしよう。そもそも、**彼らが会社なのだ。**彼らには知る権利がある。

6

規則なんて
窓から捨ててしまおう

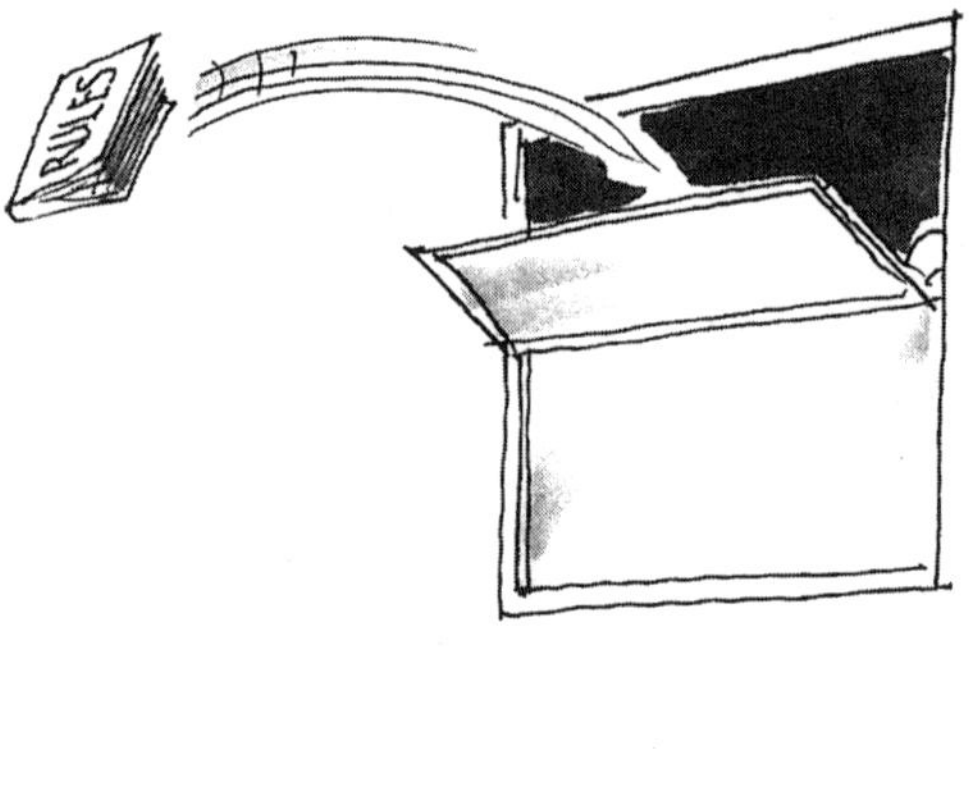

偉大な進歩の多くは誰かが決まりや伝統を打ち破り、新しい考え方や手法をつくりあげたことから起こっている。科学や芸術はもちろん、どんな分野においても言えることだ。ゴッホ、ピカソ、ベートーベン、ストラビンスキー、フロイト、ケプラー、アインシュタイン……そうやって新しい地平を切り拓いた人の名前を挙げだしたら、本の一冊くらい簡単にできてしまう。

クリエイティブな仕事にたずさわる人はこのことをわかっている。そう、決まりを破るのは、アイデアを得るための王道なのだ。だから彼らは決まりを嫌い、伝統にたてつく。

そうとわかれば、職場の規則はできるだけ少なくしよう。

服装や就業時間を自由にし、オフィスの飾りつけは部下のセンスに任せよう。一週間ほどビーチで仕事がしたい？　昼下がりには駐車場でフリスビーをしたい？　もちろんOKだ。

他人を傷つけたり、他人の邪魔になったり、他人の気分を害することでないかぎり、大目にみよう。そもそも、あなたには部下に「規則」を押しつける権利はないはずだ。

会社はあなた一人のものではない。**あなたのものであり、部下のものでもある。あなたも、部下も、社員全員が会社を動かしているのだ。**

だから、規則が必要なら、部下と一緒に作ろう。

でも、心してほしい。規則はあなたが思っているよりもずっと少なくていいはずだ。

7

部下の学習意欲には費用援助で応えよう

メディア大手のタイム・ワーナー、巨大複合企業ゼネラル・エレクトリック、米ソーセージ会社ジョンソンビル、西海岸最大の広告代理店フット・コーン＆ベルディング、ハンバーガーチェーンのバーガー・キング、化粧品会社のメアリー・ケイ——会社の規模はさまざまだが、ここに挙げた企業には共通点がある。職務内容に関係するかどうかに関係なく、社員の自己啓発費を払っていることだ。

見習おう。

どんな分野でもかまわない。新しいことを学んだ社員は、アイデアの素材を腕いっぱいにかかえて帰ってくるだろう。

それだけではない。「会社は君たちがいい仕事をするかどうかだけを気にしているのではない、人間として豊かになってほしいのだ」という明確なメッセージを社員に発信することになる。

V

〔技術編〕アイデアマンを育てるために

すぐに使える18の作戦

1　唯一のアイデアではなく、たくさんのアイデアを出してもらおう

たいていの人はいくつもの選択肢のなかから一つの正解を選ぶ、または正しいか間違っているかを判断する、という教育を受けてきた。だから部下に課題を与えたとき、彼らが唯一の正解を探し出そうとするのは仕方のないことだ。

だが、ビジネスの現場で正解が一つしかないなどということはまずありえない。多くの答えがあるのが普通だ。唯一の正解にこだわっていると、筋の通った解決法や効果が期待できたやり方、もっとすばらしい別のアイデアを生み出すきっかけになりえた発想などが陽の目を見ることなく却下されてしまいかねない。

だから部下には念を押しておこう。「唯一の正解がほしいわけじゃない。たくさんアイデアを出してほしい」と。

そうしないと、部下のもっている最高のアイデアを見ることは永遠にできないかもしれない。

2

「そんなの簡単だ」と思わせよう

「この仕事は難しいよ」と言って仕事を与えたら、部下は「この仕事は難しい」という先入観をいだく。「難しいに違いない」と思ったことは、本当に難しくなる。

反対に「簡単だ」と思えば、その仕事は簡単になる。

「やらなくてはならないことは簡単だと常に考えなさい。そうすれば本当に簡単にできるだろう」と、フランスの心理学者エミール・クエは言った。

それを実践するには、あらゆる問題にはたくさんの答えがあり、たくさんの解決法があり、たくさんのアイデアがあるということ、そしてすぐれた答え、すぐれた解決法、すぐれたアイデアはいつだって手の届くところにあって、誰かが見つけてくれるのを待っているということを、確信をもって部下に伝えることだ。

経験の長い広告マンは、このことを体で知っている。アイデアは必ず舞い降りてくるという自信がある。だから新しい仕事が来るのをうずうずしながら待っている。

だが、若く、経験の浅いスタッフのなかには、そうした自信を持てない人もいる。

だから「できるかなあ。難しいと思うけど、ちょっとやってみてくれる?」と言ってはいけない。

こう言おう。

「この問題にはさまざまな面からのアプローチが可能だと思う。君ならきっといいアイデアがいろいろ出せるはずだよ」

3 頭から却下してはいけない

私にとって初めての上司だったバド・ボイドは、こんな手をよく使った。頼まれていた仕事、たとえばある銀行の広告を作ってバドに見せるとする。するとバドはこう言うのだ。

「いいね、いいねえ。ここに貼っておこう。で、もうちょっとインパクトのある、ページから立ち上がってくるようなものはできないかな?」

そこで私はもっとシンプルで、大胆で、インパクトのある広告を考えて、またバドのところに持っていく。

するとバドはこう言うのだ。

「いいね、いいねえ。さっきの作品の隣に貼っておこう。で、もう一声、賞を取れるような強力な作品はできないかな?」

そこで私はこれなら賞が取れるだろうという作品を練り上げてバドのところに持っていく。

するとバドはこう言うのだ。

「いいね、いいねえ。ところで君が別の広告代理店への転職を考えていたとしたらどう？　そこのディレクターから、君がこれまでに作った最高傑作を見せてくれと言われた。さあ、どんなのを作る？」

こうしてバドは単純な真実を教えてくれた。いつだってもっといい答えがあるということだ。いつだって。

アメリカのジャーナリスト、リンカーン・ステフェンスが一九三一年に書いた言葉が的確に言い表している。

「成し遂げられてしまった仕事など何もない。世界のあらゆるものは、もっとすぐれたものに乗り越えられるのを待っている。世界一すばらしい絵はまだ描かれていない。世界一すばらしい脚本はまだ書かれていない。世界一すばらしい詩はまだ生まれていない」

それから何十年もたったが、彼の言葉は今も正しい。いつだってもっといいアイデアがある。いつだって。

だから部下がもってきた提案があまり気に入らなかったときも「出来が悪い。どれもだめだ」などと言ってはいけない。

部下が自信喪失するだけだ。

こう言おう。

「なるほど、こう来たか。この作品をなくさないようにちゃんと保存しておいてくれよ。で、ほかにはどんな可能性があるかな?」

いつだってもっといいアイデアがある。いつだって。次に部下がもってくるアイデアは、さっきよりずっとよくなっているに違いない。

4　一度に複数の仕事を与えよう

アイデアを手に入れるために欠かせないのが「ねかせる」手法だ。

広告マンはいつもこの手法のお世話になっている。たとえば、車のテレビCMのアイデアがなかなか思いつかなくて、その締め切りが来週だったら、さっと頭を切り換えて違う仕事に取りかかる。レストランが出す新聞広告を考えたり、ビールの広告看板の仕事に没頭したりする。

アインシュタインも同じ手を使った。ドイツの哲学者ヘルマン・ヘルムホルツも、イギリスの哲学者バートランド・ラッセルも、アメリカの天文学者カール・セーガンも、SF作家アイザック・アシモフも、小説家トーマス・ウルフも、心理学者ロロ・メイも、イギリスの詩人A・E・ハウスマンも、みんな同じことをした。

だから、いいアイデアが浮かばなくて煮詰まっている部下がいたら、いったんその仕事を中断し、頭を切り替えて他の仕事に取り組むようにアドバイスしよう。

時間をおいてもう一度その問題に戻ってみたら、閉じていたはずのドアは開き、そびえ立っていた壁はなくなり、さっきは見えなかった道がくっきりと見えるようになる。新しい関連性やつながり、可能性が見えてくる。手応えを感じることができる。

その理由を、米CBSのテレビ番組「モーニング・ニュース」で科学分野を担当するマイケル・ギレンはこう説明する。

「人間の頭脳には、何の脈絡もなく突然に考えが浮かぶことがある……ドイツの数学者カール・フリードリッヒ・ガウスによると、彼はある定理の証明を試み、うまくいかずに何年も苦闘していた。ところが、数日間その定理について考えなかったところ『いきなり稲光に打たれたように』証明方法がひらめいたそうだ。

フランスの数学者アンリ・ポアンカレもある問題を解くのに何カ月も費やしたがうまくいかなかった。ところがある日、まったく関係のない話を友人としていたら『それまで考えていたのとはまったく違う方向から答えが浮かんだ』という」

ただし「ねかせる」手法を活用するには、一つの仕事を「ねかせて」いる間に取り組める別の仕事が必要だ。

だから、部下には一度に複数の仕事を与えよう。

5

より多くのアイデアを、より短期間で出してもらおう

来週中にアイデアを三つ考えてこいと言ったら、部下は来週中にアイデアを三つ考えてくるだろう。

でも、今日中にアイデアを一〇個考えてこいと言ったら、今日中にアイデアを一〇個考えてくるはずだ。

その一〇個のうちには、来週までかかってやっとひねり出されるはずだった三つのアイデアも含まれていることが多い。それに加えて、三つと言われたときには捨てられるはずだったもので、実は他のアイデアよりもすぐれているものが入っていることもある。

だから、ハードルを高くしよう。部下はきっとそのハードルを飛び越えるすべを見つけるはずだ。

それだけではない。やればやるほどやる気になる、アイデアがアイデアを生むという不思議な「雪だるま効果」に彼らは気づくことになるだろう。

そうすればしめたもの、あなたも気づかないうちに、彼らは自分でハードルを上げるようになる。

6

だめなときには変えてみよう

相性とは不思議なものだ。

正反対のものが引きつけ合うこともあれば、反発することもある。親しい友人関係にあると仕事が進むこともある。逆にうまくいかないこともある。

部下を組み合わせてチームを作ったとしよう。相性がよくて、一人ずつの時よりもいい仕事ができるかもしれない。だが、メンバーの息が合わず、個人でやっていたほうがましだったということになるかもしれない。これればかりはやってみなければわからない。

だから、もしうまくいかないときは、そのままに放置して傷を大きくしてはいけない。チームを組み替えよう。

いつだってよりよいアイデアがあるように、いつだってよりよいチームがあるものなのだ。

7 ひとりでやらせよう

部下だけでアイデアを生み出せるかどうかは、部下だけでやらせてみないとわからない。だから、やらせてみよう。

信頼して任せてもらえれば、部下も自信を持つ。

あの人にはとうてい無理だ、と誰もが思うような任務をせざるを得ない状態に追い込まれると、その仕事を見事やってのけるケースが非常に多いのも（たとえば、ルーズベルト大統領の急死によって、ほとんど無名のまま跡を継いだ第三三代アメリカ大統領ハリー・トルーマンもそうだ）そうした理由による。

状況が整うのを待つことはない。彼らがひとり立ちせざるを得なくなる前に、積極的にひとり立ちさせよう。

こんな経験をしたことがある。

私は、広告やCMは作った本人がクライアントにプレゼンテーションするべきだ（本人が望むなら）と考えていた。

だから、当時まだ駆け出しの広告マンだったアダム・カウフマンがデニーズのラジオCMのすばらしいアイデアを思いついたとき、私は彼に「デニーズのマーケティング部長バリー・クランツに直接プレゼンしてみないか」と持ちかけた。「喜んで！」と彼は答えて、出かけていった。

翌日、バリーから電話が入った。「君のやり方はいいね。部下を信頼して、チャンスを与え、やらせてみる。アダムは優秀な若手だ。いい提案をしてもらったよ」

もちろん、アダムを直接行かせたことが裏目に出る可能性もあった。いや、裏目どころか、大失敗をしでかすかもしれなかった。

それでも、部下が自信をもって自力で歩んでいけるような環境を作ってやりたいなら、時には賭けに出ることも必要だ。うまくいったら、部下が自信をつけることはもちろんだが、あなたの自信にもなるはずだ。

8

部下のやりかたに任せよう

タクシーに乗ったら、運転手に行き先を告げる。だが道順までは指示しないのが普通だ。同じように、アイデアマン・メーカーは目的地を示す。だが、そこへいたるルートをあれこれ指示してはいけない。

体調が悪くて病院にいけば、医師にどんな具合か説明する。だが、どんな薬や治療がいいか指示はしないものだ。同じように、アイデアマン・メーカーは問題を提示する。だが、解き方まであれこれ指示してはいけない。

部下が思い切った決断をすることを、自分の直感を信じて動くことを、独自の発想を展開していくことを、あなたが予測していなかった道に分け入っていくことを、あなたが考えもしなかった結論にたどりつくことを——認めてやろう。

「私のやり方でやれ」というのは独裁者のセリフだ。独裁者は部下の自信を奪う。視野を狭める。可能性を握りつぶしてしまう。

アイデアマン・メーカーなら「自分のやり方を見つけろ」と言おう。

アイデアマン・メーカーは部下の自信を引き出す。視野を広げる。可能性を無限大にする。

9

問題の設定を変えてみよう

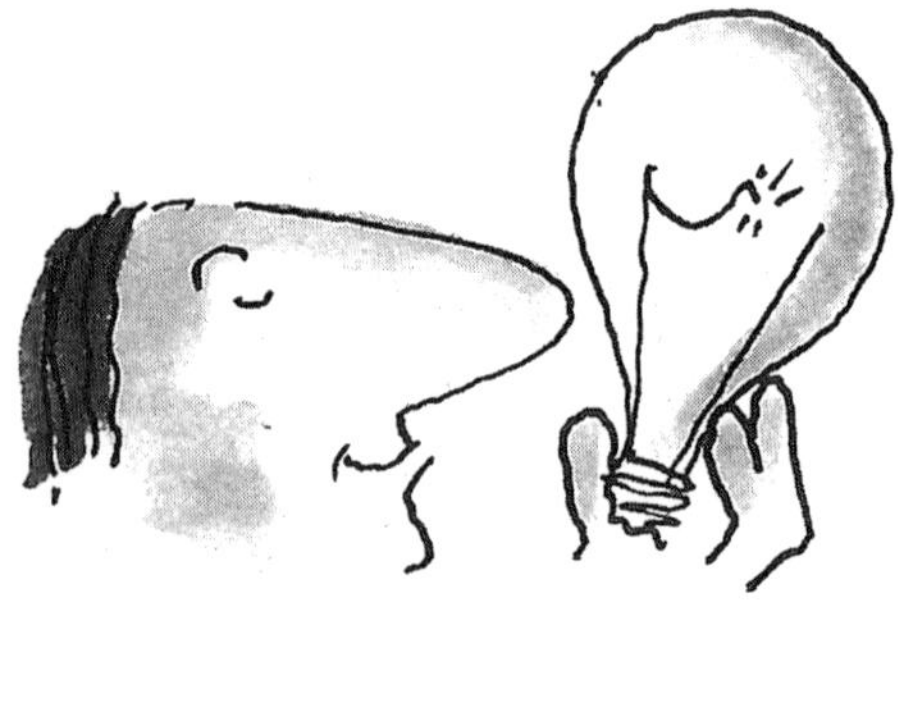

アインシュタインはこう述べている。「問題をどう設定するかは、しばしば問題を解くことよりも大切である。問題を解くのは、単に数学や実験の技能があればできることかもしれない。だが、新しい疑問や問題を提示したり、以前からある問題を別の角度から見るにはクリエイティブな想像力が必要であり、それができてこそ、本当の進歩が生まれる」

食料品店では長い間、「店員が商品を持ってきて客に渡す」のが常識だった。「どうすれば店員がよりすばやく商品を探し出せるか」ということに知恵を絞ってきた。ところが、ある人が問題をこう置き換えた。「どうすれば客が商品を探し出せるか」。そしてスーパーマーケットが誕生した。

自動車王ヘンリー・フォードも同じことをしたと言われている。彼は自動車を組み立てる際に「従業員をどう動かして作業に割り当てればいいか」と考えていたのを、「作業をどう動かして従業員に割り当てればいいか」と発想を変えた。

そして組み立てラインが生まれた。

エドワード・ジェンナーは「人はどうして天然痘にかかるのか」という疑問を「乳しぼりの女性たちはどうして天然痘にかからないのか」という疑問に置き換えた。そして天然痘のワクチンを発見した。

あなたが与えた問題に対して部下が斬新な答えを見つけられずにいるとしたら、問題の設定が悪いのかもしれない。

だから、そういうときは問題そのものを変えよう。

「どうやったらもっと稼げるか」という質問は「どうやったらもっと節約できるか」に変えてみよう。「どうしてうちの製品は売れないのか」が課題だったなら「どうしてうちの製品を買う人は、もっと買おうと思わないのか」と置き換えてみよう。

質問を変えれば答えも変わる。課題を変えれば、別の解決法も見えてくる。

10 評価することで部下を輝かせよう

新しいものを生み出した人は、必ず評価しよう。そして、認められていることが本人に必ず伝わるようにしよう。

「人間の性向のなかで最も根源的なものは、認められたいという欲求である」と、アメリカの心理学者ウィリアム・ジェームズは書いている。確かに、働く人の多くは、金よりも力量を認められることを重要視するという調査結果もある。

人は自分の提案や努力や働きが正当に評価されるところで働きたいと思うものだ。

存分に力を発揮させてくれる人のもとで働きたいと思うものだ。

そして「やりたい」と思ってやった仕事は、いい成果を上げる。

部下が活躍しすぎるのを容認すると、自分の影が薄くなるのではないかと心配する上司もいる。

そんなばかな話はない。

「たいていの人は、上の人間に引っ張られるのではなく、下の人間に押し上げられることで進歩する」と、ハーバード・ビジネススクールの元学長ドナルド・デービッドは語っている。

何より彼らはあなたの部下だ。彼らに仕事を任せたのはあなた、彼らが成功するまでを見守ったのもあなただ。どんと腰を落ち着けていればいい。

11

恐がらせても
アイデアは出ない

経験を積んだ上司なら誰でも、人はほめられるとわかっているときよりも、却下される恐怖があるときのほうがいい仕事をする傾向があることを知っている。それをわかったうえで部下を率いる手法の一つとして、日常的に恐怖を利用する人もいる。

だが、この手法には二つの欠点がある。

第一に、経験の浅い部下や感受性の強い部下の場合、思いついたアイデアを恐怖ゆえに言い出せなくなってしまうことがある。しかし、経験の浅さや感受性の強さゆえに、最も斬新な発想をもっているのは実は彼らであることが多い。

また、慣れてきた部下は上司の好みに合ったアイデアをひねり出そうとする――これではユニークなアイデアなど生まれる余地はない。

第二に、もっと重大なことだが、恐怖は短期的にはしばしば効果を上げるが、長期的にはほとんど意味がない。

恐怖に縛られた環境のもとでは才能のある人が嫌気を感じて去っていくだけでなく、恐怖が会社全体の空気をよどませ、そこで働くことに何の楽しさも感じられなくさせてしまう。

だから、アイデアマン・メーカーは恐怖をまず利用しない。

12

仲間うちではなく、他社と競争させよう

一つの仕事を二人の人間または二つのチームに任せると、うまくいかないことが多い。

上司が「この仕事はこの人に」「この仕事はこのチームに」と任務を限定して割りふるケースが多いのは、そういう理由による。一人または一チームに仕事を「任せる」ことで責任感が生まれ、プライドが生まれる。

一方で、才能ある人の多くは競争があってこそ輝くのも事実である。追いつめられて初めて力を発揮する本番型の人もいる。このことから、よりよい成果を引き出すために、組織内に競争を創り出そうとする上司もいる。一つのプロジェクトに複数の人間やチームを関わらせ、そのなかで出てきた一番いいアイデアを採用しようとするわけだ。

このやり方は確かに成果が上がる。多くのすぐれたアイデアを迅速に生み出す結果につながることが多いし、競争を勝ち抜いた人は、より一層自信をつける。

だが、恐怖を利用するのと同じく、この方法も長い目でみるとマイナスだ。自由な発想を促すポジティブな空気を損なってしまうからだ。また、部下のなかでもあなたの手助けを一番必要としている人の自信をいよいよ喪失させ、混乱させることになる。

それを避けるためには、競争をなくすのではなく、真の競争相手は同僚ではない、ライバル企業だということを明確にすることだ。

複数の人間またはチームに一つの仕事をやらせなくてはならないときは、ライバル企業も同じプロジェクトを手がけている可能性が高いこと、相手に勝てるかどうかは彼らのがんばりにかかっていることをメンバーに明確に理解させよう。

するとチームワークが機能しはじめる。仲間うちでの競争ではなく、ライバル社との競争になる。複数の人間が同じプロジェクトに関わっても、雰囲気が悪くなったり、自信を喪失する社員が出る危険がなくなる。

広告代理店の場合、新しい仕事をとろうとすると、コンペという形で否応なく他社との競争になる。その結果、社内の結束が強まり、わきあいあいとした雰囲気が生まれて質の高い作品に結実することが多い。

13

それぞれの仕事を
オープンにしよう

米サンタモニカにある広告代理店フェルプス・グループには、CEOジョー・フェルプスの提案で「私もひとことコーナー」なるものが設けられている。社員が自分の手がけている仕事のラフ・レイアウトやストーリーボードをディスプレイし、見た人からの批判、ほめ言葉、提案、質問をなんでも受けつけるというものだ。

「私もひとことコーナー」のおかげで、社員は会社の手がけているプロジェクトすべてに自分も参加しているという実感をもっている。

何より、社員はみな、自分の意見が歓迎され、耳を傾けてもらえるということを知っている。それが社員の自信を高めている。

14
経験を分かちあう機会をつくろう

経験を共有した人は、記憶も、感覚も、知恵も共有することになる。共有するものが多ければ多いほど、仕事はやりやすくなる。なぜなら、経験を共有した者ならではの「共通語」が、アイデアを考える際に生きてくるからだ。

――「箱の外に出て考えるって話をジョージがしていたよね。今の私たちは『箱のなかにいる』状態じゃない？　箱から出て考えようよ」

――「例の定義をひっくり返して考えたらどうかな」

――「あ、それはまさにブロノウスキー博士が言っていたことだ――予期せぬ類似性にどう対処すべきかってことだよね」

だから、部下が経験を共有できる環境を作ろう。

社外の会議やワークショップに部下を出すときには、必ず二人以上で行かせよう。彼らが帰ってきたら、出席しなかった他のメンバーに対して内容を報告させせよう。

毎月第一水曜日を「ランチタイムトークの日」にするのはどうだろう。ランチタイムに部下を順番に部屋に呼び、昼食をとりながら会社のことをざっくばらんに語り合うのだ。余計な人は部屋に入れない。余計な仕事も入れない。電話に応対する必要があるなら、ランチタイムの電話番のためだけに派遣社員を雇ってもいい。次のランチタイムトークの順番が回ってくるのはいつだっけ、とみんなが楽しみにするような「イベント」にしよう。

そうすれば会社で働くことがずっと楽しくなるだけでなく、社員間のコミュニケーションがずっとスムーズにとれるようになるはずだ。

15
「何か面白いこと」を起こそう

毎月第一月曜日、私はいつも早めに出社して考えごとをした。どうやったらみんなが会社をもっと楽しめるか、頭をひねっていたのだ。

私たちはさまざまな社内イベントをやってきた――コンテスト、遠足、手づくり作品フェア、販売会、ディスプレイショー、食事会、玄関ホールでの社員リレー、パーティー、コンサート、バーベキュー、ゲーム、ファミリーデー、ちびっこデー、ピクニック……思いつくかぎりのことをやった。

こうしたイベントを催すと、そのあとは必ずみんなが元気になり、士気が高まり、新しい発想が生まれた。

だから次の月曜日にはいつもより早く出社し、考えてみてほしい。どうやったらみんなが会社をもっと楽しめるか、頭をひねってほしい。

いいアイデアが浮かびそうになかったら、書店をのぞいてみよう。マネジメントの本には必ずと言っていいほど、楽しむことの重要性が書いてある。職場を楽しくするためのアイデアを満載した本もたくさんある。気に入った本を買って、そこに書かれた提案を試してみよう。

きっと、思わずにっこりするような結果が生まれるはずだ。

16 休暇は絶対にとらせよう

休みをとると人は元気になる。
休みを終えて戻ってきたら前よりずっといい仕事をするようになる。

これは「海は濡れている」と言うのと同じくらい明らかな、誰もが知っている真実だ。みんなが真実だと知っていることだから、みんながちゃんと休暇をとるよう、目を光らせよう。

ところで、「みんな」にはあなたも含まれている、もちろん。

17

しかも、とりたいときにとらせよう

有能な部下が休暇をとるのに最適なタイミングというものはない。いつ休暇をとられても、上司は困る。部下が有能であればあるほど、困る度合いは高まる。言いかえれば、有能な部下が休暇をとることが、上司であるあなたを喜ばせる可能性はゼロだということだ。いつ休暇をとられても、あなたは困る。その部下がリフレッシュし、よりよい仕事をしてくれることが長い目で見れば会社のためになるとわかっていても――とりあえずは困るというのが人情だ。

どうせ困るのなら、あなたにとってどんなに迷惑な時期であっても、部下がとりたいという時期に休暇をとらせよう。

そうすれば、短期的に見た場合、少なくとも部下は望みをかなえられて満足する。長い目で見れば、みんなのプラスになる。

18

能率なんて忘れよう

アイデアは工業製品ではない。同じサイズ、同じ形、同じ重さのアイデアが機械から次々と押し出されてくるわけではない。

アイデアはそれぞれが真珠のようなものだ。二つとして同じものはなく、こわれやすく、輝きを放っている。そして実際に使われるまでは——市場や生産ラインや教室や職場で実用化されるまでは——どのアイデアが役立つかはわからない。アイデアを生み出す作業自体もまた、画一的な基準では判断できない。そもそもアイデアの価値がすぐには判断できないのだ。そのアイデアを生み出すために使っている方法の効率性をうんぬんしてもしかたがない。

だから、効率性を気にするのはやめよう。

あるアイデアを思いつくのに、別のアイデアを思いつくよりも一〇倍の時間がかかることもあるだろう。AさんはBさんの倍の数のアイデアを思いつくかもしれない。ある人は窓の外を眺めてアイデアを思いつき、ある人はパソコンを使い、ある人は漫画を読むことでアイデアを思いつく。

アイデアについて、「いつ」とか「どこで」とか「どの程度」とか「どれだけたくさん」を気にするのはやめよう。

大事なのはアイデアの内容だ。

さて、その次は？

ここまで読んできて「他にも思いついた」という人は、どんどん実行に移してほしい。ただし、それは

(1) 仕事をもっと楽しくするもの

(2) 部下がより自信をつけられるもの

でなくてはならない。

この二つが実行できれば、あなたは立派なアイデアマン・メーカーだ。部下が自分の運命を預けたいと思うような偉大なリーダーではないかもしれない。だが、

部下が自分の力で才能を花開かせていけるよう、背中をそっと押してやるアイデアマン・メーカーになれるはずだ。

私はジョー・フォレスターというアートディレクターとよく一緒に仕事をした。ジョーはときどき自分のオフィスから出ると手をメガホン代わりに口に当て、ビル内に響きわたる声で思い切り叫んだ――「今日は学校がお休み！　学校がお休み！」

学校が休み――なんていい言葉だろう。この言葉を大きく書いて広告代理店の企画部門に貼っておくべきだ、と私はいつも思っていた。「学校が休み」――この言葉を聞くと、解放感が広がる。楽しくて、うきうきする。束縛から解き放たれて、アイデアをいつでもつかまえられる気持ちになる。

それもそのはずだ。クリエイティブな発想は子供の心に宿るのだから。毎日がみずみずしくて、学校がなくて、人生が永遠で、何もかもが新鮮で、不可能なことは何もない——そんな心にアイデアは舞い降りてくる。

「今日は学校がお休み」という言葉は、本書が言いたかったことの核心だ。本書が目指してきたのは「今日は学校はお休み！」と叫ぶアイデアマン・メーカーであり、職場に「今日は学校がお休み」という雰囲気を作る会社であり、部下の創造力を花開かせる上司だ。

だから、どうも職場に活気がない、沈滞しているな、と感じたときはオフィスから出て、手をメガホン代わりに口に当てて、声を限りに叫んでみよう——「今日は学校がお休みだ！　今日は学校がお休み！」

これですべてが輝き出す。今までとは一味違った職場が、あなたを迎えてくれるだろう。

さて、その次は？

訳者あとがき

本書は人生の半分を広告業界ですごしてきたアメリカ人広告マン、ジャック・フォスターの著作*IDEASHIP*の翻訳である。原題の「アイデアシップ」とは著者の造語で「リーダーシップ」の一歩先にある概念を指す。リーダーシップを発揮する人をリーダーと呼ぶように、アイデアシップを発揮する人を、彼はアイデアマン・メーカーと呼ぶ（原著では「アイデアアイスト」と呼んでいる）。先頭に立って部下を管理し、指揮し、率いていくのがリーダーならば、豊かな発想が生まれるような職場の空気をつくり、部下がアイデアマンとして羽ばたいていけるように背中を押してやるのがアイデアマン・メーカーというわけだ。

そのアイデアマン・メーカーになるためのヒントをまとめたのが本書である。言い方を変えれば「上司たるもの、部下にどう接するべきか」という指南書でもある。ただし、目次を見ていただければわかるとおり「部下に好かれよう」「部下に助けを求めよう」「惜しみなく部下をほめよう」と、少々軟弱なアドバイスが並ぶ。さらに「規則なんて窓から捨ててしまおう」「部下のやりかたに任せよう」と続き、最後には「休暇は絶対にとらせよう」「しかも、とりたいときにとらせよう」とくるから、硬派の上司論を期待する向きからは賛同を得られないかもしれない。

だが、この目次を見て「冗談じゃない」と反発を感じるかたこそ、実は本書の真価を最も引き出して下さる読者ではないかと思う。広告会社の企画部門といえば、著者も認めるとおり一筋縄ではいかない人材の集合体。そこでの経験に裏打ちされたアドバイスは、どれもきわめて平易だが、考えさせられるものばかりだ。著者自身が書いているように、本書の主張を読者にうのみにしてもらうことは彼の本意ではない。むしろ、アドバイスの数々がたとえ反発という形にしろ読者を刺激し、そこから新しい着想が生まれるなら、アイデアマン・メーカーを自認する著者にとってこんなにうれしいことはないに違いない。

本書は一貫して「上司と部下」という視点で語られている。しかし、その内容はたとえば「教師と生徒」の関係に置き換えて読むこともできる。訳者は高校で教壇に立っているのだが、つわもの広告マンを形容する「自由奔放な」「権威に反抗する」「原則に従わない」といった言葉に、生徒たちの顔が次々と思い浮かんだ。生徒の持つみずみずしい感性や豊かな発想を大切にしたい――頭ではそう考えていても、授業中に思いもかけない発言が飛び出すと、それを否定して教師の見解を押しつけてしまうことがある。「対等に向き合ってもらえなかった」という生徒の不満顔に「しまった」と思うが後の祭りだ。リーダーシップを発揮することはできても、アイデアシップを発揮することがいかに難しいか――本書を訳出しながら、私は教壇での自分の姿を何度も振り返り、冷や汗をかいた。

本書の魅力をいっそう増しているのが、著者とのつきあいが長いイラストレーター、ラリー・コーピーによる軽妙な挿絵だ。二人はフォスターの前作『アイデアのヒント』(邦訳・TBSブリタニカ)でもコンビを組んでいる。前作は「アイデアを思いつくにはどうすればいいか」を、具体例をふんだんに盛り込んで解説した発想のヒント集だ。興味のあるかたには、本書と合わせて是非ご一読をお勧めしたい。また、フォスターのアイデア論の土台となっているジェームス・ウェブ・ヤングの著書『アイデアのつくり方』もTBSブリタニカから邦訳が出ているので、参考にしていただければ幸いである。

最後になったが、本書の翻訳にあたってTBSブリタニカの書籍編集部のみなさまからいただいたお力添えに感謝したい。特に担当編集者である江口絵理さんには何から何までお世話になった。

また、どちらが上司でどちらが部下なのか深く考えるのは避けたいが、翻訳に行き詰まったときに「惜しみなくほめる」ことで応援してくれた夫にも感謝している。

二〇〇二年　盛夏　　　　青島　淑子

著者　ジャック・フォスター（Jack Foster）
アメリカの大手広告代理店でサンキスト、マテル、スズキ、マツダ、ユニバーサル・スタジオなど多数のメジャー企業の広告を担当し、いくつもの広告賞を受賞。クリエイティブ・ディレクターとして率いたフット・コーン&ベルディング社は米西海岸で最大手に成長した。広告業界で45年のキャリアを築き、のちに大学で教鞭をとる。著書に『アイデアのヒント』。

イラストレーター　ラリー・コービー（Larry Corby）
ロンドンで生まれ、広告業界に入る。アメリカの広告代理店でジャック・フォスターと出会い、のちにフット・コーン&ベルディング社で再会。17年間にわたり、コンビを組んで仕事をしている。

訳者　青島淑子（あおしま・よしこ）
京都大学文学部卒（英文学専攻・国史学専攻）。コーネル大学 visiting student を経て「ニューズウィーク日本版」の編集に携わる。現在は翻訳業のかたわら、高校の教壇に立つ。主な訳書に『アイデアのヒント』『無理せずに勝てる交渉術』『メンタル・タフネス——ストレスで強くなる』（以上 TBS ブリタニカ）など。

アイデアマンのつくり方《かた》

2002年 9 月 6 日　初版発行

著　者――ジャック・フォスター
訳　者――青島淑子
発行者――藤田正美
発行所――株式会社ティビーエス・ブリタニカ
〒153-8940 東京都目黒区目黒 1 丁目24番12号
電話　販　　　売 (03) 5436-5721
　　　お客様相談室 (03) 5436-5711
振替 00110-4-131334
印　刷――株式会社厚徳社
製　本――大口製本印刷株式会社

ISBN 4-484-02102-1
Printed in Japan